Contraste insuffisant
NF Z 43-120-14

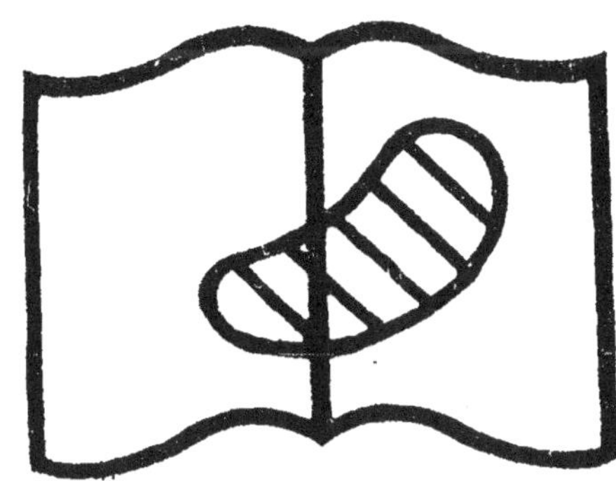

Illisibilité partielle

VALABLE POUR TOUT OU PARTIE DU
DOCUMENT REPRODUIT.

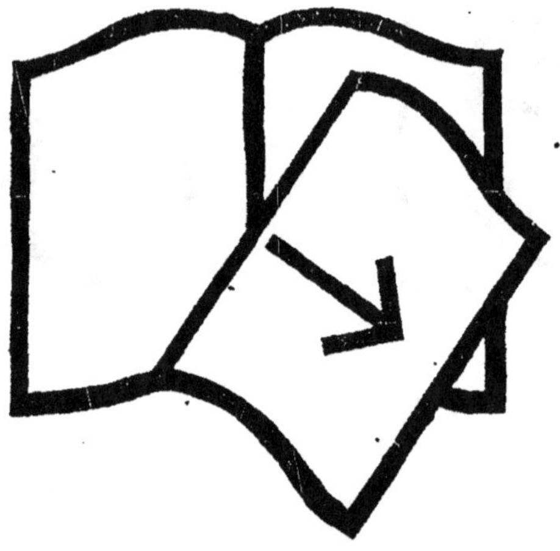

Couverture inférieure manquante

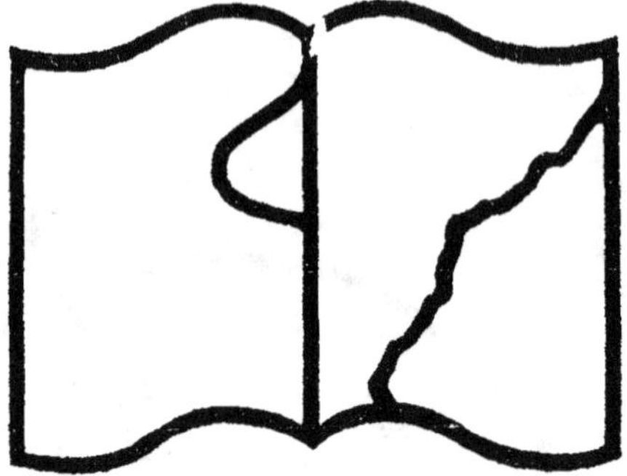

Texte détérioré
Marge(s) coupée(s)

Baron Osc. de WATTEVILLE

LE

CRI DE GUERRE

Chez les différents Peuples

PARIS

LIBRAIRIE HISTORIQUE DES PROVINCES

ÉMILE LECHEVALIER

39, QUAI DES GRANDS-AUGUSTINS, 39

1889

LE
CRI DE GUERRE
CHEZ LES DIFFÉRENTS PEUPLES

Baron Osc. de WATTEVILLE

LE
CRI DE GUERRE

Chez les différents Peuples

PARIS
LIBRAIRIE HISTORIQUE DES PROVINCES
ÉMILE LECHEVALIER
39, QUAI DES GRANDS-AUGUSTINS, 39
1889

OUVRAGES DU MÊME AUTEUR

RAPPORT DU JURY INTERNATIONAL (Exposition de 1867) ; globes, cartes, appareils pour l'enseignement de la géographie, in-8°, Paul Dupont, 1867 (*épuisé*).

RAPPORT SUR LES BIBLIOTHÈQUES SCOLAIRES, depuis l'origine jusqu'en 1866, Imprimerie impériale, in-8°, 1867.

RAPPORT AU MINISTRE DE L'INSTRUCTION PUBLIQUE sur la collection des documents inédits de l'histoire de France et sur les actes du Comité des travaux historiques, in-4°, Imprimerie nationale, 1874.

RAPPORT AU MINISTRE DE L'INSTRUCTION PUBLIQUE sur le service des missions et voyages scientifiques en 1875, in-8°. Imprimerie nationale, 1875 (*épuisé*).

RAPPORT AU MINISTRE DE L'INSTRUCTION PUBLIQUE sur le service des missions et voyages scientifiques en 1876, in-8°. Imprimerie nationale, 1877 (*épuisé*).

RAPPORT AU MINISTRE DE L'INSTRUCTION PUBLIQUE sur l'emploi de la photographie dans les établissements scientifiques et littéraires dépendant du Ministère, in-4°. Imprimerie nationale, 1877.

RAPPORT AU MINISTRE DE L'INSTRUCTION PUBLIQUE sur le muséum ethnographique des Missions scientifiques, in-8°. Imprimerie nationale, 1877 (*épuisé*).

RAPPORT A M. BARDOUX, ministre de l'Instruction publique, sur le service des Bibliothèques scolaires (1866-1877), in-8°. Paris, Imprimerie nationale 1879.

RAPPORT ADMINISTRATIF SUR L'EXPOSITION SPÉCIALE DU MINISTÈRE DE L'INSTRUCTION PUBLIQUE à l'Exposition universelle de 1878, in-8°. Paris, Hachette et Cie, 1886.

RÉSUMÉ DES PRINCIPES DE LA SCIENCE HÉRALDIQUE, in-12° (avec planches), Paris, Didot, 1857 (*épuisé*).

ÉTUDE SUR LES DEVISES PERSONNELLES ET LES DICTONS POPULAIRES. Paris, Emile Lechevalier, in-8°, 1888.

LE

CRI DE GUERRE CHEZ LES DIFFÉRENTS PEUPLES

I

LE CRI PRIMITIF

De tous temps, dans tous les pays, sans exception aucune, les guerriers ont fait usage de cris et pour s'animer au combat et pour jeter l'épouvante dans le cœur de leurs ennemis ; pour se rallier, en cas de revers, pour s'exciter en cas de succès.

Le « vivez et mourez en silence » du poète (1) est le fait du sage, de l'homme religieux et non pas celui du soldat.

En général, et surtout dans les temps reculés, les cris n'étaient ou que des injures adressées aux adversaires, comme nous le prouve la lecture de l'Iliade, ou des sortes de hurlements effroyables, sans signification précise, tels que le « Whoop Hoo ! » dont se servent encore de nos jours les Indiens de l'Amérique du Nord. Tel était le cri de guerre des Grecs, leur « Allala ! » que nous ont con-

---

(1) Insensé le mortel qui pense ;
Toute pensée est une erreur.
Vivez et mourez en silence ;
Car la parole est au Seigneur...
LAMARTINE, Nouvelles Méditations : *La Sagesse.*

servé Homère et Pindare (1). Les Romains, eux, n'avaient
pas de cri que l'on puisse écrire ou noter. Au moment
d'engager l'action, les légionnaires poussaient avec ensemble une clameur formidable. Suivant Ammien Marcellin (2) cette clameur commençait avec un léger murmure
pour devenir progressivement un bruit épouvantable que
les hommes rendaient plus retentissant encore en rappro-
chant de leurs bouches la partie concave de leur bou-
clier (3).

On peut regarder comme de derniers restes de ces cris
sans signification précise, le « Hie! Welff! » poussé au
XII⁰ siècle par les partisans de Henry le Lion, duc de
Saxe (4), le chef des Guelfes, dans ses luttes contre les
empereurs d'Allemagne et encore le « Heb! Heb! » cri de
mort, qui, en Allemagne à la même époque, préludait au
massacre des Juifs. Dielitz (5) croit que ce Heb est l'abré-
viation du mot allemand Hebraer (hébreux) et que de Heb
provient le Hip! Hip! cri joyeux des Anglais. Mais cette
double hypothèse demande à être vérifiée.

Le cri de guerre ayant un sens précis, exprimant
une idée, se rencontre également dans les époques
lointaines, parallèlement avec les hurlements sauvages.
On le trouve déjà dans la Bible (livre des Juges VII, 18 et
20) lors de l'attaque du camp des Madianites par Gédéon
«Par l'épée du Seigneur et de Gédéon!» ou «Par le Seigneur
et Gédéon » (6).

On ne sait de quelle époque (préhistorique peut-

---

(1) Homère Iliade IV, 436 — XIV 393, etc. Pindare 56. Bergk.

(2) Ammien Marcellin XVI, 12 — XVI, 7.

(3) Voir Dictionnaire des Antiquités grecques et romaines par Saglio aux
mots *Clamor* et *Baritus*. Ce dernier terme était appliqué plus spécialement
aux cris des Barbares auxiliaires. Il ne faut pas confondre, comme l'on fait
certains écrivains, *Baritus*, cri de guerre, et *Barditus*, chant de guerre en-
tonné par les Bardes avant la bataille, Brizeux dans son *Telen Arvor* (Harpe
de l'Armorique), nous a donné une belle imitation du bardit.

(4) 1129-1195. — Leurs adversaires (les Gibelins) criaient : Hie!
Waiblingen.

(5) Dielitz : *Die Wahl- und Denksprüche, Feldgeschrei*, etc.

(6) « Quando personuerit tuba mea... vos clangite et conclamate : Domino
et Gedeoni— « Jud. vers. 18—et id. vers, 20. » Clamaverunt : Gladio Domini
et Gedeoni »

être) date le vieux cri celtique « Torr he benn » (casse la tête). « Le saxon (l'anglais) s'enfuit tout droit quand nous crions : Casse sa tête ! » a dit Brizeux (1). Ce « Torr he benn » (2) les paysans bretons de nos jours, le poussent encore dans leurs luttes, souvent sanglantes, de village à village. Aussi anciens pour le moins sont les cris nationaux des Irlandais « Erin go bragh ! » (l'Irlande à jamais), qui retentit fréquemment même dans les rues de Londres (3), ou leur « A Boo ! » (à la Victoire). Ce dernier se retrouve sur les écussons de familles d'origine irlandaise existant encore. En Angleterre les Shanet, comtes de Desmond : « Shanet a Boo ! : (Shanet à la victoire) ; les Mac Carthy-Reagh : « Llamh laidir a Boo ! » (le bras fort à la victoire, ou, vive le bras fort) et bien d'autres (4) ; en France, mais avec une orthographe altérée et qui donne exactement la prononciation, les O'Kelly Farrel (5) « O'Kellie abou ! » ; en Italie enfin les Magawli-Cerati, de Parme « Laimh deargh a Boo ! ».

Au cri antique de l'Irlande, doit se joindre celui de l'Ecosse, le *Slughorn*, ou *Slogan*, car c'est ainsi que l'orthographient les écrivains anglais (6) : chaque clan a son cri ; les Mac Donnel « Cragan an Fhithich » (Le roc du corbeau) ; les Mac Alpine crient : « Srioghail an dream, » (le clan est digne d'honneur) ; et les Mac Grégor : « Srioghail mo dream, Ardchville (7) » (Mon clan est digne d'honneur, Ardchville).

---

(1) Telen Arvor (la Harpe d'Armorique) Barzonek (Bardit), p. 178. Marie Ed. de Lemerre.

(2) Une faute que l'on trouve trop souvent est la leçon : Terriben, qui n'a aucun sens.

(3) Revue britannique, numéro de janvier 1889, p. 193.

(4) Les comtes de Leinster : « Crom a boo » ; les Bourkes (lord Clanricarde) ; « Galriagh a boo » ; les Fitz Gerald : « Mullachar a boo », etc, etc.

(5) Les O'Kelly Farrel ont longtemps servi la France dans les régiments irlandais : une branche (celle dont nous donnons le cri) s'est fixée dans l'Agenais ; une autre est restée en Irlande ; d'autres sont établies en Autriche et en Belgique dans le Brabant.

(6). Voir entre autre Lower's curiosities p. 153.

(7) Ardchville est un nom de lieu qui veut dire colline boisée. Nous verrons, plus loin que les noms de lieu, les noms de fiefs étaient fréquemment employés comme cris de guerre.

Dans cette catégorie de cris nationaux dont on ignore l'époque de l'apparition, il faut rappeler, mais pour mémoire seulement car il n'a rien d'héraldique, le cri fameux des Cosaques : « Hurrah ! » *Hu Raj* veut dire : en paradis, le séjour des braves tombés intrépidement dans la bataille. Les Anglais, les Allemands, depuis près d'un siècle, ont emprunté ce cri aux Russes. Par une fortune singulière Hurrah est devenu le cri de guerre de trois peuples bien différents.

Les Almogavares avaient un cri dont la signification est identique au Hurrah ! Ces troupes presque barbares, demi-sauvages du roi Dom Pedro d'Aragon, eurent au XIIIe siècle un juste renom d'intrépidité et de cruauté. Elles firent d'abord une guerre implacable aux Mores d'Espagne ; puis elles repoussèrent de la Sicile les armées de Charles d'Anjou (1282), triomphèrent ensuite des Turcs devant Constantinople, des Grecs à Athènes et à Marathon même. Les Almogavares, dit leur historien Francisco de Moncada, (1) « s'agenouillaient tous ensemble avant le combat. Ils adressaient à Dieu une courte prière, puis, se relevant ils frappaient violemment le sol de la hampe de leur pique en criant : « Desperta ferro » (Fer réveille toi) (2), et alors ils se précipitaient sur l'ennemi, en lançant leur sauvage cri de guerre *Agur !* qui chez les peuples d'Afrique est la même chose que : à Dieu, et signifie le sacrifice de la vie. »

Moins pieux était le cri que poussaient des confins de l'Asie jusqu'au milieu de l'Europe les hordes dévastatrices de Tamerlan (1380-1405) «T'chalpigan ». On peut le traduire par : Chargeons ! ou Sabrons ! (3).

---

(1) Expedicion de los Catalanes y Aragoneses contra Turcos y Griegos en 1304 — Barcelone in 4° 1623.

(2) Et non pas : « Hierro desperta te » comme le dit, à tort, Victor Hugo dans les Orientales.

(3) Communiqué par M. Léon Cahun, bibliothécaire à la bibliothèque Mazarine. Nous devons également à son obligeance la devise de Tamerlan citée dans notre étude sur les devises personnelles. Revue de la France Moderne. Juillet 1888.

II

LE CRI ROYAL OU NATIONAL

En France, ce n'est qu'à la fin du xie siècle ou au commencement du xiie, que l'on voit apparaître pour la première fois le cri de guerre et encore était-il confondu avec l'antique clameur, ou comme on disait la huée :

« Donc recommence et la huée et le cri » (1).

Mais le véritable cri, celui qui diffère de la huée par le sens qu'il présente (2), ne tarde pas à apparaître peu après et avec une date certaine :

« Franceiz crient Montjoie et Normans Dex aye ! »

dit Robert Wace dans le roman de Rou (3).

Ces deux cris ont joué un rôle important dans l'histoire militaire de la France, ils méritent d'attirer quelques instants l'attention.

« Mont-joie Saint-Denis » fut le seul cri de guerre des Rois de France jusqu'au xvie siècle (4). Il leur était absolument personnel; on ne le proférait qu'en leur présence, aux armées qu'ils commandaient, dans les combats auxquels ils prenaient part.

On a beaucoup disserté sur l'origine, sur le sens exact de Mont-joie. Sans examiner les diverses hypothèses auxquelles ce mot a donné naissance, rappelons seule-

---

(1) Chanson de Roland. O. L. 1.

(2) « Le cry d'armes n'est autre chose qu'une clameur conçue en deux ou trois paroles prononcées au fort du combat et de la meslée. » Du Cange, Dissertation 11.

(3) Le roman de Rou (ou Rollon) daté du milieu du xiie siècle. Wace est né vers 1120 et mourut vers 1180. Il est postérieur à Théroulde, auteur de la chanson de Roland. Le vers que nous citons est le 4668e.

(4) « On ne lit point dans nos histoires que nos roys aient eu d'autre cry d'armes que celuy de Montjoie Saint-Denis simplement (Du Cange Diss. 11e) cependant le même auteur rapporte que le cri de Philippe Auguste à Bouvines était « Nostre-Dame, Saint-Denys, Montjoie ! ».

ment que dans le vieux français Mont-joie signifiait purement et simplement ces monceaux de pierres jetées confu-
sement ou sur le théâtre d'une victoire ou sur l'emplace-
ment d'un meurtre, et que les archéologues, empruntant
un mot à la langue gaëlique, appellent un *Cairn*. (1).

« Mont-joie Saint-Denis » désignait donc la place où
au troisième siècle de notre ère, Saint-Denis, l'apôtre des
Gaules, avait subi le martyre. Tout lieu de martyre était un
lieu de joie et pour le Saint qui en cet endroit avait reçu sa
récompense, et pour le fidèle qui venait faire acte de foi.
« La Mont-joie Saint-Denis, dit Littré (2), signifie la mont-
joie de Saint-Denis, selon l'ancienne règle qui rendait le
génitif latin par le cas oblique » remarque qui, par paren-
thèse, condamne Voltaire (3) Casimir Delavigne (4) et bien
d'autres écrivains, qui ont dit à tort Mont-joie ET Saint-
Denis (5).

Ce cri royal devint bientot le cri national ; il resta tel
jusqu'au xv° siècle, jusqu'au moment où, comme le dit
du Cange (onzième dissertation), « le roy Charles VII
eut établi des compagnies d'ordonnance, et dispensé les
gentilshommes fiévés (ayant fiefs) d'aller à la guerre, et
d'y conduire leurs vassaux, et par conséquent d'y
porter leur bannière ; l'usage du cry d'armes s'est alors
aboly ».

---

(1) L'usage de jeter des pierres sur la tombe d'un homme mort de mort
violente, où à l'endroit où un crime fut commis, a persisté jusqu'à nos jours.
Nous avons pu constater par nous mêmes de nombreux exemples de cet
antique usage persistant en Bretagne, en Suisse et en nombre d'autres con-
trées.

(2) On écrit aussi Monjoie. — Littré cite de nombreux passages d'anciens
auteurs qui prouvent que Mont-joie signifiait monceau. A ceux qu'il donne on
en peut ajouter un tiré du roman du Petit Jehan de Saintré, d'Antoine de la
Salle « Quant il vit une telle montjoie d'escuz » (Ed. de Guichard, Paris
1843. p. 57.) et un second plus péremptoire encore : « Guilard (Ile de
France) ; porte de gueules à deux bourdons d'or posés en chevron et
accompagnés de trois montjoies d'argent » (Grandmaison au mot Guilard).
Rietstap, au même nom ajoute « trois monts ou montjoie ».

(3) Voltaire ; Dictionnaire philosophique au mot propriété.

(4) Casimir Delavigne : Louis XI acte III sc. 13.

5) Le Roi d'armes de France qui s'appelait Mont-joie, portait brodé en or
sur la manche droite de sa cotte de velours cramoisi les mots « Mont-joie
Saint-Denis ».

Le cri du roi et celui des seigneurs bannerets fut remplacé par un cri uniforme, le même pour tous, celui de « France ! France ! » l'unité française était constituée.

La charmante chronique du « Loyal Serviteur » nous en donne un exemple; nous ne pouvons résister au plaisir de le citer. Bayard à la tête de hardis compagnons rencontre les Espagnols près de Minervino (1). « Alors (les Français) baissèrent la vue (la visière) en criant France ! France ! se mettant au grand galop pour charger leurs ennemys, lesquels d'une assurée et fière contenance, à course de cheval criant Espagne ! Sant Yago ! à la pointe de leurs lances gaillardement les reçurent » France fut donc le cri royal et national du xvi° siècle.

Mais dès Henri IV et durant tout le règne des Bourbons le seul cri français fut « Vive le Roi ! » Ce cri était tellement entré dans les mœurs que, sous la première République, au commencement des guerres de Vendée, des régiments républicains (2) chargèrent en criant « Vive le Roi !» les paysans vendéens qui leur répondaient en poussant le même cri.

Sous l'empereur Napoléon Ier, sous Napoléon III le cri de « Vive le roi» fut naturellement remplacé par celui de « Vive l'empereur ! » qui (à l'exception de l'Australie) résonna dans le monde entier.

De nos jours enfin l'illustre amiral Courbet lança victorieusement nos marins, nos soldats, contre les Chinois au cri antique de « Vive la France ! » (3).

Cette digression sur le cri national, nous a un peu écarté de notre sujet, revenons donc à notre Mont-joie. De même que les puisnés de la race royale brisaient les ar-

---

(1) Minervino-Murge, ville de la terre de Bari (Royaume de Naples, que l'auteur appelle Monervyne; l'escarmouche qu'il raconte a dû avoir lieu entre 1502 et 1504. Voir histoire du gentil Seigneur de Bayard, dans les *publications de la société de l'histoire de France*, (Edition de J. Roman) chapitre XIX, p. 93, ou Edition de L. Larchey (chez Hachette), p. 125.

(2) C'étaient des régiments envoyés en Vendée à la suite de la capitulation de Mayence, des Mayençais comme on disait alors.

(3) Au siège de Rome en 1849, sous la seconde République, nos troupes se sont également lancées à l'assaut au cri de : « France ! Vive la France ! »

mes paternelles en ajoutant aux fleurs de lys de France,
un lambel, une bordure etc., de même ils brisaient, si l'on
peut s'exprimer ainsi, le cri de Mont-joie Saint Denis en le
modifiant (1). Ainsi les Rois de Naples de la maison d'Anjou (1266-1435) criaient : «Mont-joie d'Anjou!» les Comtes
d'Anjou: «Vallie! Vallie! Mont-joie Anjou», les Comtes
d'Artois «Mont-joie au blanc épervier!»;les Ducs de Bourgogne «Mont-joie ! Nostre Dame de Bourgogne» (2).

Lorsqu'après avoir conquis la moitié de notre patrie les
rois d'Angleterre écartelèrent d'Angleterre et de France,
ils voulurent aussi s'approprier le cri de nos rois (3, mais
en supprimant Saint-Denis «Mont-joie, NostreDame ! Saint
George !» Cependant à l'un des nombreux assauts qu'eut
a subir Calais, lors du Siège fameux de 1346, Edouard III,
criait «Ha! Saint Edouard! Ha! Saint George !» (4).

III

LE CRI CHEVALERESQUE OU FÉODAL

«Normanz crient : Diex aye !» dit Robert Wace, que nous
avons cité plus haut. Ce cri, tel que le donne le poète n'est
pas complot. La leçon véritable était : «Diex aye ! Dam !
Diex aye » (5). — Sous différentes formes, en différentes
langues, on le retrouve soit tel que nous venons de le re-
produire, soit modifié, soit même transformé en devise.

---

1) Cet usage n'était pas spécial à la famille royale. «Il en était de même,
dit du Cange, de toutes les familles particulières dont les puisnez oriaient le
cry ou le nom de la maison, mais avec addition du nom de Seigneurie ; car
le cry simple, aussi bien que les armes appartiennent à l'ainé.»
2) Les ducs de Bourgogne criaient aussi : «Notre Dame de Bourgoigne !»
3) A propos du cri royal anglais, rappelons que les rois d'Ecosse oriaient
«Saint André !».
4) A côté des cris de guerre des Rois, des Suzerains, des chevaliers bannerets, nous avons crû devoir, pour être aussi complet que possible, donner
certains cris de guerres spéciaux, tels que celui d'Edouard III, poussés dans
des circonstances importantes.
5) Le P. Menestrier et du Cange font remarquer chacun de leur côté et
avec grand soin que Dam dans ce cri ne veut pas dire: Notre Dame, mais est
là pour Dominus, seigneur.

Ainsi par exemple chez les Montmorency «Dieu ayde !» est le cri de guerre primitif, soit chez les Montmorency de France, soit chez les Comtes de Montmorency Morres (Lord Mountmores) en Irlande. Plus tard (vers le XV° siècle) ce cri disparaît, on ne retrouve plus que la devise : « Dieu ayde au premier chrestien » puis enfin «Dieu ayde au premier Baron chrestien » (1).

Le cri fameux «Diex el volt», Dieu le veut ! qui au Concile de Clermont (1095) précipita l'Europe sur l'Asie et décida la première croisade, fut naturellement celui de l'illustre chef Godefroy de Bouillon et de tous les siens. Sous la forme que nous venons de donner, ou sous d'autres (2)

---

(1) L'origine de cette orgueilleuse épithète de premier chrétien se retrouve dans une tradition conservée par du Cange, «Quelques historiens en rapportent l'origine au premier seigneur de Montmorency qu'ils nomment Lisoie, qui fut le premier des gentilshommes françois qui embrassa le christianisme avec le roy Clovis. Ses successeurs ayant pris de là le sujet de crier en guerre: Dieu ayde au premier chrestien, comme estant un honneur deu à cette maison. La maison de Bauffremont en Lorraine avoit un cry semblable... «Bauffremont au premier chrestien !» à cause peut-estre qu'un de cette maison fut le premier Bourguignon qui embrassa la foy chrestienne». De ce cry vient fort probablement le dicton populaire: Bon Chrétien de Bauffremont. — Voir notre étude sur les devises personnelles et les adages et dictons populaires. «Revue de la France Moderne », numéros de juillet et août 1888.

Quant à la forme: «Dieu ayde» ou celle de «Diex aye ou aïe» on la rencontre en Normandie chez les Guiton, en Bretagne chez les Bastard de Kerguiffinec, en Languedoc chez les Bastard d'Estang. Sous la forme de « Dieu moi ayde» chez les Le Groin ; sous celle de «Help God Hasebrouck !» chez les Comtes flamands de ce nom ; sous celle de «Dios nos ayude !» chez les Gramont (Bigorre). Enfin, une forme qui serait bizarre, si elle n'était la traduction exacte du cri tel qu'il est rapporté dans les Gesta Dei per Francos (Livre 1, chapitre 26 et 43), est celle des La Palu (Bresse): «Eh ! Dieu, aydez moi !» «Eia ! Deus, adjuva, nos !».

C'est à dessein que nous laissons de côté les nombreux Deo juvante que l'on rencontre fréquemment et qui fort probablement (comme nous venons de le dire à propos des Montmorency) sont d'anciens cris de guerre transformés en devises et pour plus d'élégance traduits en latin. On les retrouve chez les Grimoisin, les Pontaumont (Normandie), les Lissac de Laborie (Languedoc), les Varagne (Gascogne), les Chasteauneuf-Randon (Prov.) et même sur la couronne des princes de Monaco.

Il en est de même des devises comme celles des La Hausse (Lorr.): «Dieu ayde au bras qui la hausse !» ou celles des Longneau de St. Michel (Gatinais) «Dieu ayde à St. Michel !» ou des La Mauduite (Norm.) «Dieu en ayde». anciens cris, nouvelles devises.

(2) «Die l'volt» de Fleury, «Diex el volt» Cassan (Languedoc), «Dieu lo volt» Castillon (Bordelais), «Dieu le veut» Foullon (Flandres) enfin pour la famille de Dieuleveut (Normand.) «Diex le volt» etc., etc

on le rencontre très souvent soit comme cri ou encore
comme devise chez nombre de familles qui ont pris part à
la première croisade ou qui ont voulu faire croire que leurs
ancêtres assistaient à cette célèbre expédition.

De l'idée de « Dieu le veut » dérivent des cris (ou des cris
devenus devises), tels que ceux des Legonidec de Tressan
(Bret.) « Youl Doué » (Volonté de Dieu) ; des Mathew, comtes de Llanduff (Pays de Ga 'es) « Y fyn Duw a fyd » (la volonté de Dieu soit faite); des Creffery (Angl. Cornouaille)
« Whyle God wyll » (tant que Dieu veut); et plus singulière
encore la version flamande, que l'on est étonné de ren-
contrer chez une famille piémontaise, celle des Benso de
Cavour (dont le grand ministre) « Van Godt voil » (quand
Dieu veut). Ce cri était aussi celui des Cornille de Berghes (1)
seigneur de Zevenberghe.

Aussi fréquent que Dieu aide ou Dieu le veut est le cri
de Notre-Dame, le seul sous lequel la Vierge soit invoquée.
Nous l'avons déjà vu plus haut, à propos des ducs de
Bourgogne. Les ducs de Bourbon criaient «Bourbon Nostre Dame» ; les comtes de Foix « Nostre Dame de Bierne »
(de Bearn). Les Coucy « Notre-Dame, au seigneur de
Coucy »; les Belleval (Ponthieu) «Nostre Dame-Belleval»;
les Etats de l'Eglise « Notre-Dame! St-Pierre! » L'illustre
du Guesclin « Nostre Dame Guesclin ! » comme le dit du
Cange : «Ainsi, en la bataille qui fut donnée (en 1369) entre
le bâtard Henri de Castille et le roy don Pietre ; on cria de
la part des Espagnols « Castille au roy Henry ! » et de la
part des François qui estoient au secours dans l'armée du
mesme Henry, sous la conduite de Bertrand du Guesclin
« Nostre Dame Guesclin » (2).

Pour terminer avec ces cris *d'invocation* comme les
appellent le P. Menestrier et d'autres, notons encore
« Saint-Aubert » fréquemment invoqué en Artois, en Brabant ainsi que Saint-Omer; Saint-Pol en Picardie, Saint-
Polque en Auvergne, etc., etc.

---

(1) Les Princes de Berghes, eux crient « Glymes !»
(2) Froissart donne également à du Guesclin le cri de « Saint-Yves
Guesclin ! »

A l'étranger, les Douglas (Ecosse) crient « Douglas St-Gille! » l'illustre maison de Savoie « Savoye! Bonnes Nouvelles! Saint-Maurice! » Les Anglais « Saint-Georges! » et les Ecossais « Saint-André » comme nous l'avons dit plus haut, enfin les Saxons « Saint-Pierre! ».

Remarquons, à propos de ces derniers que ce n'est que par exception que l'on rencontre chez les peuples de race germanique le cri de guerre tel que nous l'entendons. Le cri du Saint-Empire « A dextre et à senestre ! » (1) donné par quelques auteurs, paraît très problématique à T. von Hefner (2) qui du reste établit que le cri de guerre n'a jamais été héréditaire en Allemagne et qu'il changeait suivant les circonstances. Pour se rallier, les Allemands mettaient à leur coiffure une petite branche d'arbre, un rameau (3), usage que les Autrichiens ont conservé jusqu'au commencement de ce siècle, et qu'avaient également adopté les clans Ecossais (4); usage qui, dès le XIIe siècle, avait fait donner aux princes de la Maison d'Anjou, parvenus au trône d'Angleterre, le surnom de *Plantagenest*, de la branche de genet qu'ils avaient coutume d'attacher à leur casque. Par suite de la même tradition, à la bataille de Giengen (1462), les Bavarois avaient pris le rameau de chêne et criaient : « Unser Frauen ! » (Notre-Dame), ceux de Brandebourg la branche de bouleau et le cri de « Römisch Reich ! » (Empire romain, ou, Saint-Empire!). De nos jours, ces cris ont été remplacés par le Hurrah! ou le Vorwaertz! (En avant). En flamand vorwaertz se dit voorde, c'est le cri des Reiffemberg et des de Neve qui, seuls, je le crois, portent inscrit sur un listel, au dessus de l'écusson, cette singulière formule «De Nève

---

(1) Ce cri signifie : Frappez à droite et à gauche ; tel est le sens qu'on lui assigne ; mais peut-être est-il allusif à l'aigle à deux têtes des armes impériales.

(2) Handbuch der Heraldick p. 162. Voir également les Mémoires de l'Académie des Sciences de Bavière t. VII, p. 296.

(3) Les Allemands appellent ces sortes de marques distinctives Feldzeichen, signes du champ de bataille. Les Anglais Cognizances.

(4) Voir dans Wawerley de Walter Scott la longue énumération de branches de Bruyère, de Sureau, d'arbres, etc., etc. qui distinguaient chaque clan.

crie Voorde ! » Pour en finir avec les nations étrangères,
disons que le cri de guerre assez fréquent en France, en
Angleterre et dans les Pays-Bas, est rare en Allemagne,
comme nous venons de l'établir, et plus rare encore en
Italie.

Dans ce dernier pays, on peut citer plusieurs familles,
qui, sans avoir aucun lien de parenté entre elles, criaient
toutes « Libertas » ; ce sont les Capello de Venise
dont était la fameuse Bianca, de romanesque mémoire, puis les Magalotti et les Dini de Florence. Les
autres cris, conservés par l'histoire, sont des cris nationaux ou des cris de circonstance. Les Romains révoltés
contre la tyrannie des hauts Barons, et guidés par Rienzo (1) criaient : « Spirito Santo ! cavaliere ! » Saint-Esprit,
cavaliers !; les bandes de Ludovic le More (2) « Moro ! » ;
les Vénitiens : « Marco ! » Saint-Marc ! et quelquefois
« Marco ! Marco ! à carne ! « Saint-Marc ! à mort ! »
- Nous avons cité l'antique cri national des Espagnols
« Espana ! San Iago ! » il se modifiait en certaines occa-
sions. A la bataille de Ravenne (1512) par exemple « les
Espagnols firent un bruit et un cry merveilleux à l'abor-
der « Espagne ! Espagne ! San Yago ! Aux cavailles ! aux
cavailles ! Furieusement venaient, mais plus furieusement
furent reçus des Français qui criaient aussi « France !
France ! aux chevaux ! aux chevaux ! » car les Espagnols
ne tâchaient à autre chose, sinon d'arrivée (dès le début)
tuer les chevaux pour ce qu'ils ont un proverbe qui dit :
Muerto el caballo, perdido l'umbre des armes » (3). Quant
aux familles nobles de l'Espagne nous n'en avons rencontré
que deux, jusqu'à ce jour, qui aient un cri de guerre,
celle de La Vera (Castille) « A la Vera ! Caballeros ! A la

---

(1) En 1345. Rienzo, le *dernier tribun*, s'intitulait, dans ses proclamations
« Soldat du Saint-Esprit ». V Colas di Rienzo par E. Rodocanachi et la
Revue Britannique d'octobre 1888.

(2) Le surnom de Moro, le More, donné à Ludovic Sforza, venait du Mu-
rier (en Italien Moro) qui figurait dans ses armes.

(3) Il aurait fallu dire : Muerto el caballo, perdido el hombre de armas.
Mort le cheval, perdu l'homme d'armes. Histoire du gentil chevalier Bayard,
déjà cité, Ed. de L. Larchey p. 321.

Vera ! chevaliers, et celle de Vuella (Castille) qui crie son
nom. Or ce nom signifie : Tourne ! c'était un cri dont on
poursuivait les fuyards ennemis, comme nous l'apprend
le Loyal Serviteur « Tourne, homme d'armes, grand
honte te sera mourir en fuyant ». (Edition de Larchey,
p. 126.)

Quant à la Pologne, ce pays si guerrier, si chevaleresque, le cri de guerre y fut toujours en honneur. Mais il
fut réduit à sa plus simple expression. Tantôt on criait le
nom du chef militaire dont on suivait la ba nière et tantôt
le nom de la localité, du fief dont il éta.. seigneur. D'après
le savant auteur de l'ouvrage sur les origines des dynastes
de la noblesse polonaise (1), le D' Piekosinski, auquel
nous sommes redevables de ces renseignements, à l'origine
le nom seul du chef militaire fut employé. Plus tard,
lorsque l'organisation féodale de l'Occident pénétra vers
le XII° siècle dans la Pologne, le nom du banneret fut
remplacé par celui de son fief.

Nous ne connaissons pas de véritables cris de guerre
ni en Portugal, ni en Suisse, ni dans les Etats Scandi-
naves (2).

Mais rentrons en France, revenons au véritable cri de
guerre, au cri héréditaire, héraldique et examinons avant
tout un passage du P. Ménestrier digne de toute attention, et sur lequel il est nécessaire de s'arrêter quelques
instants.

« J'ay trouvé, dit-il, dans un manuscript à Arras (mal-
heureusement il ne donne pas d'autre indication) qu'en
Lorraine toutes les croix crioit *Priny* (3), toutes les bandes

---

(1) O dynastycznem Szlachty Polskiej Pochodzeniu skreslil D' Fr. Piekosinski. — In-8° Kracovie, 1888.

(2) N'oublions pas le cri de guerre hongrois : Isten Velün (Dieu avec
nous).

(3) Dans l'ancienne Chevalerie Lorraine on peut citer comme portant la
croix : les Stainville, Choiseul, Saffre d'Haussonville, Aspremont, Mercy,
Lenoncourt, Haraucourt, Dompmartin, etc. D'après les recueils de Devises,
tous ne criaient pas Priny ! — Ce cri du reste n'est pas complet, le vrai cri
était « Priny ! Priny ! Aide au bon Duc Ferry » Dielitz croit que Priny
vient du celtique « Pring » qui veut dire « Tue ! » L'hypothèse la plus probable, c'est que ce cri de Prini ou Prény, que l'on trouve dès 1285 dans le

A couvert (1), tous les anneaux *Loupy ;* qu'en Hainaut tous ceux qui portent croissants crient *Tricq* (2), tous les chevrons crioient *Machicourt* (3) et toutes les coquilles *Le Bas.* Berry, le Hérault, dit que tous ceux de Picardie qui portent fretté, crient *Saucourt* (4); tous ceux qui portent des croix crient *Hangest* (5) ceux qui portent des maillets crient *Mailly* ».

Ces cris identiques, poussés par des familles de même province, ayant certaine communauté d'armoiries, portant tout au moins des meubles communs, semblent indiquer une certaine communauté d'origine, d'alliances de famille ou peut-être d'alliance politique. Prenons comme exemple les Hangest (et a plus forte raison il en serait de même pour les Mailly), ils portent d'argent à la croix de gueules chargée de cinq coquilles d'or et crient leur nom. A côté d'eux les Flavy (criant aussi Hangest) portent d'hermine à la croix également de gueules ; ce que le manuscrit appelle les croix rouges. Ne peut-on pas admettre que dans certaines régions, les familles très nombreuses, des espèces de clans, ayant perdu souvenir de leur commune origine en conservaient cependant une vague notion et par des analogies d'armes, et par l'identité de cri. Ces

---

poème du tournoi de Chauvency désignait une forteresse des ducs de Lorraine, élevée sur les frontières du pays Messin. Il en est de même de Loupy, nom d'un château situé non loin de Bar. (Communication de M. L. Germain, de l'Académie de Stanislas, bibliothécaire de la Société d'Archéologie Lorraine).

(1) Portaient des anneaux les Suzanne, La Lance de Morainville, Dorne, Chardongne, Rampont, etc.
Portaient une ou plusieurs bandes les Ludre, Custines, du Houx, du Chastelet. Mais ces derniers, qui portaient à l'origine les armes pleines de Lorraine, criaient par exception, Priny, comme les ducs, dont-ils descendaient.

(2) Le mot « Trith » (et non pas Tricq) est le cri des Sautyn (Cambrésis, Hainaut), Potelle (id) Pletin (id) Verquigneul (Artois). En Flamand Tricht veut dire passage ; Maestricht passage de la Meuse.

(3) Du Wicquet baron d'Ordre crie encore Machicourt: et porte un Chevron.

(4) En Picardie portent un fretté les Bethisy de Mézières, les Poix, les Riblemont (crient aussi : à moi !), etc.

(5) Parmi ceux qui portent la croix de gueules et crient Hangest ! d'abord la famille de ce nom, les Flavy, etc. Pour les maillets, les Mailly et leurs nombreuses branches, les Manbuez, etc., etc.

restes de l'organisation primitive de la famille en clan ou tribu, ce que les anglais appellent *the tribal form*, nous en retrouverons de nombreux exemples en Ecosse, en Irlande, dans le pays de Galles et surtout en Pologne.

Nous venons de citer un nom de famille employé comme cri de guerre pour rallier les hommes autour de la bannière du chef : ces sortes de cris abondent, et ils peuvent servir à retrouver la filiation, les origines des familles,

Le P. Menestrier, sans se prononcer absolument, ne semble pas être de cet avis « Ce n'est pas un argument *infaillible*, dit-il, d'une mesme maison, d'avoir mesmes pièces en armoiries et mesme cry ». Infaillible oui, mais admissible ? — Le savant Héraldiste nous en fournira lui-même de probants exemples. « Quelques-uns, écrit-il encore dans un autre passage, ont crié les noms des Maisons dont ils sont sortis, quoy qu'ils eussent d'autres noms. Ainsi les anciens Chastelains de l'Isle (la ville de Lille) en Flandre crioient. « Frayes Phalempin ! » (1) à cause qu'ils étoient issus des anciens Seigneurs de Phalempin ! A cet exemple il en ajoute d'autres tel que celui de la maison de Gavre (2) en Brabant; qui portait en cimier un chapeau de gueules et criait : « Gavre au Chappeler » tandis que les branches des comtes de Saint-Paul, de Lesignem, des sires de Moüy, Saucourt, Lens crioient seulement « Gavre ». De même, André Favyn nous apprend que les roys de Navarre avoient pour cry de guerre « Bégorre ! Bégorre ! » comme issus et prenant leur extraction des anciens comtes de Bigorre! On ne peut comprendre le cri « Gand à Vilain sans reproches ! » si l'on ignore que les Seigneurs de Vilain descendaient des Chatelains de la maison de Gand. Les exemples de ces sortes de cris abondent. Mais plus fréquents encore sont les noms de famille seuls employés comme cri, pour rallier les hommes autour de la bannière des possesseurs directs de ces noms.

Tel était le cas pour les Châteaubriand, les Malestroit, les Rais en Bretagne; les Mailly, Rubempré, Goncourt en la

---

(1) Dielitz traduit Frayes par Frère, cette traduction nous semble douteuse

(2) Comtes de Fresin (1592), Prince de Gavre 1736, M. E. 1832.

Comté de Beauvais ; les Charny, Vergy, Bauffremont, Pontailler (1) en Bourgogne ; en Brabant les Grimberghes, Binch, Vallainsée, etc., etc. (2) ; en Hainant Enghien, Ligne, Estrepy, Wallaincourt (3). Partout on retrouve cet usage qui était devenu si général que, comme le remarque du Cange, dans presque tous les anciens recueils de blasons on trouve cette phrase « il porte de... et crie son nom ».

Tout autant que du nom de famille, on se servait soit du nom d'une forteresse, d'une ville, d'un fief ou d'une province. Ainsi les ducs de Bretagne criaient « Saint-Malo au riche Duc » (4) les sires de Coucy « Coucy à la Merveille ! » (5) ; les Bouillé « le Chariol » ; les ducs de Milan « Milan ! au vaillant Duc » ou « Pavie ! au seigneur de Milan » ; les Dauphin d'Auvergne « Clermont au Dauphin d'Auvergne » (6) ; les Comtes de Haynaut « Haynaut au noble comte ».

On criait aussi le nom d'une ville, quand on en portait la bannière. C'est pour ce motif que les comtes de Vendôme criaient « Chartres » et qu'en Picardie, les Pequeny et les Dolhain criaient « Boulogne ». Les révoltés également adoptaient cet usage. Ainsi ceux de Gand dans leurs luttes contre les Ducs de Bourgogne criaient « Gand ! les chaperons blancs ! » (7)

---

(1) Voir pour Mailly, Rubempré, Bauffremont, Pontailler, le chapitre des Adages, numéro d'août 1888 de la *Revue de la France Moderne*.

(2) Le P. Menestrier dans sa nomenclature, qui est loin d'être complète, cite 72 familles qui avaient leur nom pour cri.

(3) Si le P. Menestrier avait omis le nom de la famille de Wallincourt dans sa nomenclature, on ne saurait plus pourquoi les Desmaizières et les Beauvoir (Picardie), les Boucy (Vermandois), les Bouverie, Haspres, Marchiennes (Flandre Fr.), les Méssancouture, Maurry, Hengot (Artois), Montigny, Picard, Haucourt (Cambrésis), criaient tous Wallincourt. La famille de Fontaine Wallincourt (Cambrésis), elle, crie : « Wallincourt à cour ouverte ». Nous avons cru devoir citer cet exemple pour montrer, combien dans des provinces qui se touchent le même cri peut être poussé par des familles, en apparence, bien diverses.

(4) Riche est ici dans le sens de puissant, comme dans l'expression espagnole de *Ricos Hombres*.

(5) Le château de Coucy et surtout son donjon, comme la grande salle du Mont-St-Michel, étaient appelés la merveille.

(6) Les Dauphins du Viennois, du Dauphiné, eux, criaient « Saint-Georges et Dauphiné ».

(7) Les chaperons blancs avaient été pris comme signe de reconnaissance par les Gantois.

Les noms de villes conquises, également, devenaient cris de guerre. Après s'être emparé, à la suite de mille dangers, de la ville de Limbourg, Jean le victorieux comte de Louvain abandonnera le cri de ses ancêtres : « Louvain au riche Duc». pour prendre «Limbourg à celui qui l'a conquis ! ». Borelwt, en Flandre, criait : « Grœninge Welt !» il veut Grœningue, depuis le jour ou en 1302 Jean de Borelwt à la tête de sept cent gentilshommes, tous ses parents ou ses alliés, remporta une éclatante victoire sous les murs de cette ville. En Angleterre John Woodhouse, se distingue à Azincourt (1415); en souvenir de ses hauts faits ses descendants, les comtes de Kimberley crient encore aujourd'hui « Azincourt ! » (1).

La bannière était toujours aux armes du Suzerain et servait à guider les vassaux, à les grouper autour du blason seigneurial. Rien de plus naturel donc que de faire allusion aux armoiries qu'elle portait pour rallier les combattants. C'est ce qui explique le cri des comtes de Flandres « Flandres au Lyon »(2) ; de même les Flavines en Cambrésis criaient: «Le Leu Bantoux ! » (3); de même les Waudripont qui portent deux lions adossés c'est-à-dire dos à dos, (Honni soit qui mal y pense) crient «Cul à cul Waudripont ! ». Les Bar de Vissac, dont les supports étaient deux Bars crient : «Bar sur Bar».

Deux cris évidemment destinés à rallier les hommes étaient ceux des Saint-Phalle en Champagne : « A moi, Saint-Phalle, c'est pour le Roy !» et des Riollet en Bourgogne, « A moi Riollet, c'est pour le Duc !» Il est plus que probable que ces deux cris ont dû souvent être poussés l'un contre l'autre. — A la bataille de Fornoue (1496) Charles VII vivement pressé par l'ennemi appelle à lui, pour le dégager, sa réserve commandée par Philibert de Cler-

---

(1) Les auteurs anglais écrivent aussi: Agincourt.

(2) D'or au lion de sable armé et lampassé de gueules.

(3) Ils portent d'or à un loup rampant d'azur, — les Marcade, également du Cambresis, et qui portent d'argent à 3 têtes de loup de sable, renversent le cri « Bantoux le leu ! » — Bantoux serait-il le nom d'un loup fameux dans la vénerie des Flandres ?

mont, sire de Montoison. « A la rescousse, Montoison ! »
Ces paroles royales devinrent le cri de guerre des Montoison, qui jouèrent un rôle considérable au XVIᵉ siècle dans
nos guerrres d'Italie.

A côté des cris plus spécialement destinés à rallier les
hommes, il faut placer les véritables cris de combat.

Le plus naturel, le premier de tous est sans contredit:
En avant ! c'est le cri d'attaque par excellence, et nous
avons vu plus haut que *Vorwaertz* ! avait été adopté par les
Allemands.

En France on le rencontre, et chez les de la Poix de Fré-
minville en Bourgogne et chez les Keranlouët en Bretagne (1) qui tous deux le crient purement et simplement.

Puis sous la forme de « En avant ! toujours en avant ! »
des R. de la Lande (Quercy) ; enfin sous celle d'un jeu de
mot : « En avant, marche ! » Chez les de la Marche (Lorr.
et Fr. C.)

Viennent également comme cris de mêlées ardentes le
celtique « Pring ! Pring ! » (Tue ! Tue) des du Chas-
teler (Bret.) que l'on peut rapprocher du « A carne ! » (à
mort !) des Vénitiens ; le « Au feu ! Au feu ! » des comtes
de Bar (Lorr.) «Va ferme à l'assaut, Buigny, à la prise !»
des Buigny de Picardie (2) ou bien soit le « Achard, Hache!» des Achard de Bonvouloir (Normandie) ou le « Hallaac ! Hallaac ! » (à la Hache !) des Altvillars (3) du Dauphiné.

Moins sauvages, plus chevaleresques sont des cris tels
que ceux des Pillot (4) « Haut la lance, Pillot ! » ; des
Caumont, ducs de la Force (Guyen.) «Ferme Caumont,
Ferme la Force ! » et le « Plutôt mourir » des Monteynard
de Provence. Nous ayons déjà cité deux cris de guerre
des Coucy (Pic.), en voici un troisième qui rentre dans la

---

(1) En breton (Araok ! Araok !)
(2) Les Quirit, en Touraine, avaient le même cri, mais, naturellement, ils
remplaçaient le nom de Buigny par le leur.
(3) Voir l'article sur les adages, *Revue de la France moderne*, août 1888.
(4) Pillot, Marquis de Chantrans (Bourg.).

catégorie de ceux qui nous occupent en ce moment, «Place
à la bannière ! »; la même idée se retrouve chez les Alle-
man (1) du Dauphiné « Place à Madame! » ou chez les
Comtes de Champagne qui tantôt criaient « Passavant li
meillors ! » et tantôt « Place à la Thibaud ! » nom de la
bannière de Thibaud IV (2).

On peut aussi ranger à côté de ces cris « Au plus fort de
la mêlée ! » des Brancion (Bourg.) « Au plus dru ! » des
Tournon-Simiane (Prov.) « Au plus douz ! » (3) d'autres
Tournon (Vivarais) ; « Au bruit ! » (4) des Vaudenay. Et
encore le « Through » (5) (A travers !) des Hamilton, ducs
d'Abercorn (Ecosse) ; le «Ride through» (chevauche à travers) des Hamilton de Belhaven (Ecosse) et le seul cri
naval que nous connaissions « Sail through » (6) (vogue à
travers) des Hamilton de Rosehall (Ecosse).

Plus idyllique est le cri de guerre des marquis de Prie
(Nivernais) qui, dit-on, sortis vainqueurs d'une embus-
cade tendue dans un bois où chantaient des oiseaux, criè-
rent depuis lors « Cant (chant) d'oiseau ! » ; même obser-
vation pour les Grainthville « A l'éclat des roses ! » pour
les La Chatre (Pic.) « A l'attrait des bons chevaliers ! »
Arces de Reaumont (Dauph.). « M'a piqué la plus belle ! »

Pour ce dernier cri, on est certain qu'il était cri de tournois et il est probable que l'on peut en dire autant des
deux précédents. Car si dans les tournois les Hérauts
criaient le vrai cri de guerre, ils criaient aussi des cris de

---

(1) V. Adages dans la *Revue de la France Moderne*.

(2) Ce dernier cri, et c'est une exception qu'il faut noter, est gravé sur le
le Contre-Scel de Thibaud IV.

(3) C'est-à-dire au plus drû « au plus épais, au plus gros de la meslée ».
V. P. Menestrier.

(4) Dans ce même sens, on dirait aujourd'hui : marcher au canon.

(5) Ecrit *Trough* dans les armes des Douglas — Hamilton et des Fitz-Mau-
rice.

(6) C'est en exécutant cette manœuvre, en voguant à travers, en séparant
en tronçons isolés les flottes ennemies, que Nelson remporta ses plus écla-
tants succès.

Nelson avait inscrit au milieu de ses armes Trafalgar ; comm cimier la
Poupe d'un Vaisseau avec les mots *San Jose* ; comme devises, 1° Faith and
Works (foi et acte) ; 2° Palmam qui meruit ferat. (Celui-là porte la palme qui
l'a méritée).

fantaisie (1) On peut citer comme exemple celui d'Edouard
III d'Angleterre :.

Hay ! Hay ! the wytee Swan ;
By Gode's Soul, y a'n thy Man !

(Ha ! Ha ! le blanc cygne ! par l'âme de Dieu, je suis ton
homme !) (2).

Est-ce un cri de guerre ou de tournois celui de la famille
de Wawrin (Flandre), qui nous donne (chose unique, nous
le croyons), un .cri complété par la Devise ? Le cri est :
«Mains (moins) que le pas !»; et la devise répond : «Meurt
qui le passe ! » (3).

Certains cris de guerre seraient incompréhensibles si
l'on ignorait soit quelques détails de blason, soit des faits
historiques, ou même les noms vrais des familles, noms
remplacés, trop souvent en France, par les noms de
terre, par les titres qui ont fait oublier les origines primi-
tives. Comment comprendre en effet le cri du marquis de la
Hamelinière (Anjou), cri si bizarre de prime abord « Pantin, Hardy ! En avant » ? ou celui du duc de Montausier
(Touraine) « Sainte-Maure » ? — C'est que la Hamelinière,
s'appelle de son vrai nom Pantin (4) et le duc de Montausier, Sainte-Maure.

(1) « Aux tournois, c'étaient les hérauts et poursuivants d'armes qui criaient
le cry de leurs maistres, pour les faire connaistre ; et à ces crys ils ajoutent
souvent des éloges, comme j'apprends des rimes et des joustes de Chauvency, de l'an 1285 ». P. Menestrier.

(2) Il avait fait broder ces vers sur son surcot. Voir Lower loc, cit, p.
154.

(3) V. Grandmaison, Dictionnaire Héraldique Col. 257-259 des exemples de
Devises ou cris de Tournois.

(4) Ce ne fut qu'au xviii° siècle que le nom de Pantin fut donné aux bons-
hommes de carton que l'on fait danser avec une ficelle « dans le courant de
l'année dernière, dit Barbier dans son journal (janvier 1747), on a imaginé,
à Paris, des joujoux qu'on appelle des Pantins… ce sont de petites figures
faites de carton, dont les membres sont taillés séparément et attachés par
des fils pour pouvoir jouer. …Il y en a eu de peintes par de bons peintres,
entre autres par M. Boucher, un des plus fameux de l'académie. Il y en avoit
aussi qui étoient de figures et de postures lascives.
                                        (Edition de Louandre, t. IV, p. 21.)
Pourquoi ces joujoux furent-ils appelés du nom du Marquis de la Hamelinière ? Les raisons données avec timidité, du reste, par Louandre et
par Littré, ne semblent pas péremptoires.

Pour comprendre le cri en apparence plus gastrono-
mique que guerrier des Sires de Joux (Fr. C.) « Du bœuf »
ou « Au Bœuf ! » il faut se rappeler qu'ils avaient une tête
de bœuf pour cimier.

Peut-être qu'un jour on saisira le sens de cris qui pa-
raissent inexplicables. Tels celui des Culant (1) du Berry
« Au peigne d'or ! » ou des Chateauvilain (Fr. C.) « Chas-
telvilain à l'arbre d'or ! », car ni les uns ni les autres n'ont
de peignes ou d'arbres dans leurs blasons. Y a-t-il un jeu
de mot bachique dans le « Buves tost assis ! » des Buves
(Artois) ! Que peut vouloir dire « Saint-Pol, camp d'Aves-
ne » des Fiéffez ou Fiévés, du Cambrésis et de Hollande?
Ont-ils livré bataille dans un champ d'avoine ? C'est bien
possible . Et le « chevaliers pleuvent ! » des Chauvigny
du Berry (2) ; le « Mamours ! » des Sales (Savoie) ou
l' « Alleluya ! » des Falret de Tuyte (Quercy), ou enfin
« Espinart à l'Escosse ! » des Seigneurs de Neufchatel
(Suisse) ?— Surtout qui pourra dire ce que signifie le cri
de « Chersaléa ! » des Sainte-Colombe (Beaujolais) ; ou celui des Guyard de St-Julien, originaires de Provence, puis
établis en Autriche où ils sont titrés depuis 1638 de Comtes
de Walsée. Leur cri étrange « Tahusticaw ! » Est-il emprunté à une des trente ou quarante langues, à un des
nombreux dialectes que l'on parle dans l'Empire Autri-
chien ? — Est-ce un de ces cris barbares, un dernier *Baritus* ? (3) Le « Bydand ! » des Gordon et des Gordon Lennox
(Ecosse) veut peut être dire : « En souffrant » mais le sens
exact de ces cris nous échappe tout autant que la signification du cri des Dawkins (Derbyshire) rapporté par
Lower (4) : « Stryke Dawkins, the dewyl in the Hemp ! » qui
mot à mot voudrait dire : Frappe Dawkins, le Diable dans le

---

(1) On trouve cependant ce cri sous la forme de « Notre-Dame au peigne
d'or ». S'agirait-il d'une statue miraculeuse ? laquelle ?

(2) Du Cange en rapportant ce cri ajoute : « Mais un provincial Mss, dit
que le Seigneur de Chauvigny crie Hierusalem plainement » Disst. 11 — Le
P. Menestrier voit dans : chevaliers pleuvent! un cri de défi ; nous ne savons
pourquoi.

(3) Voir page 6 de cette étude. Dielitz croit ce mot d'origine celtique ;
mais nous ne pouvons admettre cette hypothèse.

(4) Voir Lower, page 155.

chanvre ! ou très probablement, le Diable dans la chemise
de ton ennemi.

IV

DE L'EMPLOI DU CRI DE GUERRE

Nous venons de faire connaître aussi brièvement que
possible les formes les plus usuelles du cri de guerre. Il
nous reste à indiquer dans quelles circonstances on en
faisait usage.

« *Le cry suit la bannière*, dit le P. Menestrier, parce
qu'anciennement nul n'était reconnu pour gentilhomme de
nom, d'armes et de cry, que celuy qui avoit droit de lever
bannière, l'un et l'autre servant à mener les troupes à la
guerre et à rallier. »

Telle est la règle, on peut même dire la loi. Elle ne
souffre pas d'exception.

Donc, en vertu de cette loi, les chevaliers bannerets
avaient *seuls*, à l'armée, le droit de pousser leurs cris.
Mais ce droit était-il absolu, l'exerçait-on en toutes circonstances ? — Non. Lorsque plusieurs chevaliers bannerets étaient réunis en corps d'armée, on adoptait pour
cri celui du chef, qui devenait le cri général. A plus forte
raison, lorsque le Roi prenait le commandement, alors il
n'y avait plus qu'un seul cri, le cri Royal (1).

Quelquefois, il faut le noter « il y avoit deux cris géné-
raux dans une même armée, mais c'estoit lorsqu'elles
estoient composées de deux différentes nations », comme
nous l'avons vu plus haut à propos de la bataille de Nava-
rette (2) et comme le dit le Loyal Serviteur, dans son récit
du siège de Padoue en 1509 (3).

---

(1) Voir page 9 et suivantes de cette étude : Mont-joie etc., etc. Pouvait-
on pousser le cri royal en l'absence du roi ? — La question est controversée.

(2) Voir également page 14.

(3) « Toutefois, quand les Français virent le danger où s'étaient mis leurs
compagnons (les Allemands sous les ordres de l'Empereur Maximilien),
chacun se mit à passer, et criant : « France ! France ! Empire ! Empire ! »
firent une telle charge sur leurs ennemis qu'ils leur firent déguerpir la
place ». (Histoire du gentil seigneur de Bayard, édition de L. Larchey,
p. 209 ; Paris, Hachette.)

On peut voir, par ce qui précède, quelle était au point de vue militaire ou politique l'importance du cri général. Lorsque le Souverain était à la tête de ses armées, lorsqu'il était remplacé par quelque prince de la maison royale dont l'autorité était indiscutée, nulle difficulté ! — Mais il n'en était plus de même, alors que plusieurs capitaines égaux entre eux par la naissance ou par les forces dont ils disposaient, se trouvaient réunis pour soutenir la même cause. L'embarras devenait extrême.

Telle était, par exemple, la situation des Français la veille de la bataille de Cocherel (1364), en face des Anglais et des troupes de Charles de Navarre, commandés par le Captal de Buch.

Après longue délibération, comme le raconte Froissart, (1) pour savoir sous quelle bannière ils se rangeraient et quel cri ils crieraient, tous les seigneurs français décidèrent qu'ils offriraient le commandement au comte d'Auxerre et que, par conséquent ils crieraient « Notre-Dame ! Auxerre ! », mais le comte s'excusa « moult bellement » en disant : « Seigneurs, grand merci de l'honneur que vous voulez me faire. Mais je ne puis l'accepter. Je suis trop jeune pour me charger d'un tel fardeau. C'est la première journée à laquelle j'assiste. Vous avez ici plusieurs bons chevaliers, Monseigneur Bertrand Du Guesclin, Monseigneur l'Archiprêtre (2), Monseigneur Le Maître (3), Monseigneur Louis de Châlons ; tous se sont déjà trouvés en pareilles journées ils sauront mieux commander que je ne le ferais. N'insistez pas je vous en prie ».

Alors tous les chevaliers se regardèrent et lui dirent : « Comte d'Auxerre, de tous ceux qui sont ici présents, vous êtes le plus grand de terre et de lignage ; de droit vous devez être notre chef ! »

« Certes, Seigneurs, répondit le comte, votre courtoisie

---

(1) Voir Froissart. Livre 1er, chap. LXXXVIII § 518 — T. VI p. 118 de la belle édition de M. Siméon Luce dans les publications de la Société de l'Histoire de France.

(2) Arnaud de Cervolle, dit l'Arciprestre.

(3) Baudouin d'Annequin, maître des Arbalétriers.

vous fait ainsi parler. Mais aujourd'hui je veux être votre compagnon ; tenter avec vous l'aventure ; vivre ou mourir avec vous. De commandement je n'en veux pas avoir. »

Après s'être consultés, tous décidèrent que le meilleur chevalier, que celui qui avait le plus combattu, qui savait le mieux comment tout devait se passer était messire Bertrand Du Guesclin. D'un commun accord il fut ordonné que l'on crierait : « Notre Dame, Guesclin ! » et que dans cette journée on ne suivrait que les ordres de Monseigneur Bertrand.

Nous avons reproduit fidèlement, mais un peu longuement peut-être, le texte de Froissart, car il nous semble que cette scène, prise sur le vif, montre et l'importance que l'on attachait au cri et les difficultés du choix de ce signe de ralliement (1), qui bien souvent décidait de la Victoire.

Dans les grandes guerres du commencement de ce siècle, la seul cri de l'armée française, nous l'avons déjà dit, était « Vive l'Empereur ! » Lorsqu'au plus fort de la bataille on entendait exécuter comme dans une manœuvre, avec la dernière perfection certains feux difficiles (2) nul ne s'y trompait « Voilà la garde qui donne ! » ces mots couraient de rang en rang, inspirant la confiance aux jeunes troupes, jettant le trouble dans le cœur de l'ennemi.

De même, lorsqu'au XIV° siècle on entendait crier « Notre

---

(1) Nous nous sommes écartés systématiquement de la division adoptée généralement par nos prédécesseurs, qui distinguent les cris de guerre en cris d'invocation, de résolution, d'exhortation, de défi, de terreur, de courage, d'événements, enfin de ralliement. — Ainsi le P. Menestrier donne comme exemple de cri d'invocation « Diex aye » — de résolution « Diex le volt » — d'exhortation « Au guet ! au guet ! » des Cramaillos de Picardie — de terreur « Au feu ! au feu ! » des Comtes de Bar — d'événements « Bergues à Madame de Chasteaubrun ! » des Bergues St-Vinocq (Flandres) — de defy « Chevaliers pleuvent ! » des Chauvigny (Berry) de ralliement « les Ferticaulx ! » cry, dit-il, de Subsainlégier, parce qu'il portoit de gueules fretté d'Hermine, voulant dire qu'on se range sous la bannière frettée ». — Cette classification nous paraît tout ce qu'il y a de plus factice. Suivant les circonstances, le même cri de « Notre-Dame Guesclin ! » par exemple, était un cri d'invocation avant le combat, ou un cri de défi, — il devenait un cri de ralliement pendant la mêlée, un cri de terreur lors de la poursuite des ennemis en déroute. — On peut en dire autant de tous les autres.

(2) Les feux à volonté et les feux de deux rangs.

Dame, Guesclin ! » ou au XVIᵉ « Feste Dieu ! Bayard ! » amis,
ennemis, savaient que de redoutables capitaines, à la tête
de bandes invincibles allaient soutenir l'honneur de la
France.

Le cri, en effet, était le seul moyen pour le chef de se
faire reconnaître,

> Montjoie escrie pur la reconnaissance (1).
>
> (*Chanson de* ROLAND CCLXIV).

pour les hommes de se rallier autour de la bannière de
ce chef et dans la mêlée de distinguer les amis, les
compagnons d'armes des ennemis. Alors que les chevaliers la visière baissée, sous leur carapace de fer
étaient méconnaissables, que les armoiries souvent peu
différentes les unes des autres ne pouvaient se voir que
de près et que leur ressemblance pouvait entrainer les
plus funestes conséquences, la banière et le cri permet-
taient seuls (2) de savoir d'un peu loin à qui l'on avait af-
faire, de reconnaitre les chefs et de proclamer leur présence. La chronique du bon duc Loys de Bourbon (3) nous
en donne un exemple bien chevaleresque.

Le Duc assiégeaient Verteuil (4); une mine praticable
avait été creusée sous le château ; le duc voulut s'y engager le premier.

---

(1) Mont-joie il crie pour se faire reconnaitre.

(2) Quelquefois dans les déroutes on vit, mais par rare exception les vain-
cus, par ruses de guerre « lorsqu'ils estoient en péril de leur personne
criaient le cry de leurs ennemis, et à sa faveur ils s'évadoient. » (du Cange
loc. cit.). La chronique des Albigeois nous en fournit un exemple : « Fu-
gientes hostes præ timore mortis exclamabant fortiter : Monsfortis ! Monsfortis ! ut sic se fingerent esse de nostris et de manibus persequentium evade-
runt arte tali. » — Les ennemis qui fuyaient par crainte de la mort, se mirent
à crier à haute voix : Montfort ! Montfort : feignant ainsi d'être des nôtres et
échappèrent par cette ruse aux mains de ceux qui les poursuivaient.

Comme emploi du cri de guerre destiné à tromper l'ennemi on peut citer
également les ordres donnés par le Comte de Sancerre à ses troupes avant le
combat de Pont à Canners (1382.) — V. Cris de guerre etc, par le Comte
de C. (Cohen de Vinkenœf) p. 15.

(3) Chapitre 4. — Edition de Chazaud (publication de la société de l'histoire de France), p. 150-131 ; nous avons fidèlement reproduit le texte en
modifiant seulement l'orthographe.

(4) Verteuil dans la Charente, arrondissement de Ruffec.

La défense était dirigée par l'écuyer Renaud de Montferrand qui de son côté voulait être, lui aussi, le premier à
repousser les assaillants. Les deux capitaines échangent de
vaillants coups d'épée dans une obscurité presque complète,
et dans un boyau des plus étroit (1), mais les hommes d'armes,
derrière le Duc, ne peuvent s'empêcher de crier « Bourbon !
Bourbon Notre Dame ! » Alors l'écuyer Renaud de Montferrand moult ébahi se recula et dit : Et comment, Mes-
seigneurs, c'est Monsieur le Duc de Bourbon ? — Oui, certes,
dit le Borgne de Veaulse, c'est lui en personne — alors dit
Renaud de Montferrand je doit bien louer Dieu, quand il
m'a aujourd'hui fait tant de grâces et d'honneur d'avoir
fait armes avec un si vaillant Prince ; et vous, Borgne de
Veaulse, lui dites que je lui requiers qu'il lui plaise qu'en
cette honorable place où il est, il me fasse chevalier de sa
main, car je ne le puis jamais être plus honorablement...,
etc., et naturellement aussitôt le combat fut interrompu
et le Duc arma chevalier l'écuyer Renaud de Montferrand.

Du Cange nous apprend que le cri de « Saint-Denys ! »
retentit, probablement pour la dernière fois, à la prise
de Pontoise par Charles VII en 1441 : «Saint-Denys ! Ville
gaignée ! » Le dernier cri féodal qui fut poussé par des
Français le fut sans doute en 1792 à la bataille de Jemmape.
Les régiments avaient encore et leurs noms et leurs sur-
noms. Auvergne, commandé par Dumas de Saint-Marcel,
et Navarre, commandé par L. C. Guénod, formaient bri-
gade. Ils reçurent l'ordre d'attaquer les Autrichiens à la
bayonnette. Aussitôt l'un des colonels de crier : « En avant,
Navarre, sans tache ! » et l'autre : « En avant, Auvergne,
sans pour ! » — Et l'ennemi fut vaillamment repoussé ! —

Bᵒⁿ Osc. DE WATTEVILLE,

Directeur honoraire au Ministère de l'Instruction publique.

---

(1) On ne povait faire arme que d'espées, pour ce que le pertuis n'avoit
que pié et demi de quarrure » id. loc. cit.

Extrait de la *Revue de la France Moderne*

PARIS. — IMP. CH. SCHLARBER, 257, RUE ST-HONORÉ.